그림이 있는 질마재 神話

그/림/이/있/는

질마재 神話

서정주 시
황주리 그림

은행나무

차례

시인의 말   7
화가의 말   8

신부新婦   13
해일海溢   14
상가수上歌手의 소리   16
소자 이 생원네 마누라님의 오줌 기운   17
그 애가 물동이의 물을   18
   한 방울도 안 엎지르고 걸어왔을 때
신발   20
외할머니의 뒤안 툇마루   21
눈들 영감의 마른 명태   22
내가 여름 학질에 여러 직 앓아   24
   영 못 쓰게 되면
이삼만이라는 신   26
간통사건과 우물   28
단골무당네 머슴아이   30
까치마늘   33
분질러 버린 불칼   36
박꽃 시간   38

말피	40
지연紙鳶 승부	42
마당방	45
알묏집 개피떡	47
소망(똥간)	50
신선 재곤이	52
추사와 백파와 석전	56
석녀 한물댁의 한숨	60
내소사 대웅전 단청	63
풍편의 소식	66
죽창竹窓	69
걸궁배미	72
심사숙고	74
침향沈香	78
꽃	80
대흉년	81
소×한 놈	83
김유신풍	84

발문	박재삼	92

시인의 말

내 마음속인즉 꼭 열일곱 살만 할 뿐인데, 벌써 회갑이 되었다고 가까운 후배들이 이걸 기념하여 시집을 또 한 권 내자고 해서 그러기로 하고 제목하여 『질마재 신화』라 한다.

이 『질마재 신화』는 근년 『현대문학』지와 『시문학』지에 연재해 온 산문시들로 제목의 그 '질마재'는 내가 생겨난 고향 마을의 이름이다. 이 마을의 동쪽에 '질마재'라는 산이 있어 마을에도 그 이름이 붙게 된 것이다.

이 책의 인행印行을 맡아 주신 일지사가 고마웁다.

1975년 중춘仲春
관악산 봉산산방에서

화가의 말

질마재의 시간을 그리다

미당의 시는 우리 청춘의 비료였고, 잊을 수 없는 선물이었다. "머언 먼 젊음의 뒤안길에서 인제는 돌아와 거울 앞에 선" 지도 오래다. 그의 시가 없었다면 돌아오는 일이 패배가 아니라 성숙이라는 것도 몰랐을 것이다. 가을이면 "눈이 부시게 푸르른 날은 그리운 사람을 그리워하자"는 구절을 떠올려 보지 않은 사람이 있을까? 초록이 좋은지도 모르고 헤매다가 어느 날 초록이 지쳐 단풍 드는 걸 목격하게 된 우리의 인생도 미당의 시에 빚진 바 크다.

시인이 남긴 그 끝없는 절창들을 생각한다. "저기 저기 저, 가을 꽃자리 초록이 지쳐 단풍 드는데" "나를 키운 건 팔할이 바람이다" "연꽃 만나러 가는 바람 아니라 만나고 가는 바람같이" 그리고 요즘 읽은 "인생이란 바로 이렇게 걸어 나와서 그만 깜빡 그게 무엇이었던가를 잊어버린 것 아니냐는 것이다"까지. 알고 보니 우리 삶의 정거장마다 초록에서 황혼까지 어느새 그의 시를 따라 여기까지 왔다.

그러다가 『질마재 신화』를 읽고 또 다른 지평을 열게 되었다. 질마재 마을의 시간, 미당이 태어나 자란 그 시절 그 마을의 시간들 속에서 나는 자유롭게 그림 여행을 한 것도 같다. 어린 시절엔 커다랗게만 느껴지는 마을 길 안에 갖가지 삶이 옹기종기 모여 있는 곳, 질마재는 정다우면서도 고독하기 그지없는 우리 모두의 고향이다. 도시에서 나고 자란 나는 유년의 골목길을 연상하며 『질마재 신화』를 읽었다. 이 시집에 실린 그림은 미당의 넓고 깊고 아름다운 시에 대한 오마주다.

"물동이의 물을 한 방울도 안 엎지르고 걸을 수 있을 때만 나하고 눈을 맞추기로 작정했던" 질마재의 소녀가 자라 "머언 먼 젊음의 뒤안길에서 인제는 돌아와 거울 앞에 선 내 누님" 같은 꽃이 되는가? 인생의 굽이마다 마주하게 되는 미당의 풍성한 시어들은 영원히 기록될 우리의 모국어이며 역사이며 잊을 수 없는 편지다.

출간 50주년을 기념하는 질마재의 시간을 그리게끔 내 마음을 콕 찔러 준 동국대학교 미당연구소 전옥란 소장께 감사드린다. 그녀와의 긴 인연이 우리를 여기까지 오게 했음을, 그리하여 한국의 위대한 시인 미당 서정주를 그리는 인연이 탄생했음을 감사드린다.

2025년 5월
황주리

일러두기

1 이 시집은 초판본 『질마재 신화』(일지사, 1975)를 저본으로 삼았다.
2 원본 시집의 제2부 '노래'는 시집 『노래』에 재수록되어 이번 시집에서는 제외했다.
3 표기는 『미당 서정주 전집』(은행나무, 2015)을 따랐다.

질마재 신화

신부新婦

　신부는 초록 저고리 다홍치마로 겨우 귀밑머리만 풀리운 채 신랑하고 첫날밤을 아직 앉아 있었는데, 신랑이 그만 오줌이 급해져서 냉큼 일어나 달려가는 바람에 옷자락이 문돌쩌귀에 걸렸습니다. 그것을 신랑은 생각이 또 급해서 제 신부가 음탕해서 그 새를 못 참아서 뒤에서 손으로 잡아다리는 거라고, 그렇게만 알곤 뒤도 안 돌아보고 나가 버렸습니다. 문돌쩌귀에 걸린 옷자락이 찢어진 채로 오줌 누곤 못 쓰겠다며 달아나 버렸습니다.

　그러고 나서 사십 년인가 오십 년이 지나간 뒤에 뜻밖에 딴 볼일이 생겨 이 신부네 집 옆을 지나가다가 그래도 잠시 궁금해서 신부 방 문을 열고 들여다보니 신부는 귀밑머리만 풀린 첫날밤 모양 그대로 초록저고리 다홍치마로 아직도 고스란히 앉아 있었습니다. 안쓰러운 생각이 들어 그 어깨를 가서 어루만지니 그때서야 매운재가 되어 폭삭 내려앉아 버렸습니다. 초록 재와 다홍 재로 내려앉아 버렸습니다.

해일海溢

    바닷물이 넘쳐서 개울을 타고 올라와서 삼대 울타리 틈으로 새어 옥수수밭 속을 지나서 마당에 흥건히 고이는 날이 우리 외할머니네 집에는 있었습니다. 이런 날 나는 망둥이 새우 새끼를 거기서 찾노라고 이빨 속까지 너무나 기쁜 종달새 새끼 소리가 다 되어 알발로 낄낄거리며 쫓아다녔습니다만, 항시 누에가 실을 뽑듯이 나만 보면 옛날이야기만 무진장 하시던 외할머니는, 이때에는 웬일인지 한 마디도 말을 않고 벌써 많이 늙은 얼굴이 엷은 노을빛처럼 불그레해져 바다 쪽만 멍하니 넘어다보고 서 있었습니다.

    그때에는 왜 그러시는지 나는 아직 미처 몰랐습니다만, 그분이 돌아가신 인제는 그 이유를 간신히 알긴 알 것 같습니다. 우리 외할아버지는 배를 타고 먼 바다로 고기잡이 다니시던 어부로, 내가 생겨나기 전 어느 해 겨울의 모진 바람에 어느 바다에선지 휘말려 빠져 버리곤 영영 돌아오지 못한 채로 있는 것이라 하니, 아마 외할머니는 그 남편의 바닷물이 자기 집 마당에 몰려 들어오는 것을 보고 그렇게 말도 못 하고 얼굴만 붉어져 있었던 것이겠지요.

상가수上歌手의 소리

　질마재 상가수의 노랫소리는 답답하면 열두 발 상무를 젓고, 따분하면 어깨에 고깔 쓴 중을 세우고, 또 상여면 상여머리에 뙤약볕 같은 놋쇠 요령 흔들며, 이승과 저승에 뻗쳤습니다.
　그렇지만, 그 소리를 안 하는 어느 아침에 보니까 상가수는 뒷간 똥오줌 항아리에서 똥오줌 거름을 옮겨 내고 있었는데요. 왜, 거, 있지 않아, 하늘의 별과 달도 언제나 잘 비치는 우리네 똥오줌 항아리, 비가 오나 눈이 오나 지붕도 앗세 작파해 버린 우리네 그 참 재미있는 똥오줌 항아리, 거길 명경明鏡으로 해 망건 밑에 염발질을 열심히 하고 서 있었습니다. 망건 밑으로 흘러내린 머리털들을 망건 속으로 보기 좋게 밀어 넣어 올리는 쇠뿔 염발질을 점잔하게 하고 있어요.
　명경도 이만큼은 특별나고 기름져서 이승 저승에 두루 무성하던 그 노랫소리는 나온 것 아닐까요?

소자 이 생원네 마누라님의 오줌 기운

소자小者 이 생원네 무우밭은요. 질마재 마을에서도 제일로 무성하고 밑둥거리가 굵다고 소문이 났었는데요. 그건 이 소자 이 생원네 집 식구들 가운데서도 이 집 마누라님의 오줌 기운이 아주 센 때문이라고 모두들 말했습니다.

옛날에 신라 적에 지도로대왕은 연장이 너무 커서 짝이 없다가 겨울 늙은 나무 밑에 장고만 한 똥을 눈 색시를 만나서 같이 살았는데, 여기 이 마누라님의 오줌 속에도 장고만큼 무우밭까지 고무시키는 무슨 그런 신바람도 있었는지 모르지. 마을의 아이들이 길을 빨리 가려고 이 댁 무우밭을 밟아 질러가다가 이 댁 마누라님한테 들키는 때는 그 오줌의 힘이 얼마나 센가를 아이들도 할 수 없이 알게 되었습니다. "네 이놈 게 있거라. 저놈을 사타구니에 집어넣고 더운 오줌을 대가리에다 몽땅 깔기어 놀라!" 그러면 아이들은 꿩 새끼들같이 풍기어 달아나면서 그 오줌의 힘이 얼마나 더울까를 똑똑히 잘 알 밖에 없었습니다.

그 애가 물동이의 물을
한 방울도 안 엎지르고 걸어왔을 때

그 애가 샘에서 물동이에 물을 길어 머리 위에 이고 오는 것을 나는 항용 모시밭 사잇길에 서서 지켜보고 있었는데요. 동이 갓의 물방울이 그 애의 이마에 들어 그 애 눈썹을 적시고 있을 때는 그 애는 나를 거들떠보지도 않고 그냥 지나갔지만, 그 동이의 물을 한 방울도 안 엎지르고 조심해 걸어와서 내 앞을 지날 때는 그 애는 내게 눈을 보내 나와 눈을 맞추고 빙그레 소리 없이 웃었습니다. 아마 그 애는 그 물동이의 물을 한 방울도 안 엎지르고 걸을 수 있을 때만 나하고 눈을 맞추기로 작정했던 것이겠지요.

신발

　나보고 명절날 신으라고 아버지가 사다 주신 내 신발을 나는 먼 바다로 흘러내리는 개울물에서 장난하고 놀다가 그만 떠내려 보내 버리고 말았습니다. 아마 내 이 신발은 벌써 변산 콧등 밑의 개 안을 벗어나서 이 세상의 온갖 바닷가를 내 대신 굽이치며 놀아다니고 있을 것입니다.

　아버지는 이어서 그것 대신의 신발을 또 한 켤레 사다가 신겨 주시긴 했습니다만, 그러나 이것은 어디까지나 대용품일 뿐, 그 대용품을 신고 명절을 맞이해야 했었습니다.

　그래, 내가 스스로 내 신발을 사 신게 된 뒤에도 예순이 다 된 지금까지 나는 아직 대용품으로 신발을 사 신는 습관을 고치지 못한 그대로 있습니다.

외할머니의 뒤안 툇마루

　외할머니네 집 뒤안에는 장판지 두 장만큼 한 먹오딧빛 툇마루가 깔려 있습니다. 이 툇마루는 외할머니의 손때와 그네 딸들의 손때로 날이 날마닥 칠해져 온 것이라 하니 내 어머니의 처녀 때의 손때도 꽤나 많이는 묻어 있을 것입니다마는, 그러나 그것은 하도나 많이 문질러서 인제는 이미 때가 아니라, 한 개의 거울로 번질번질 닦이어져 어린 내 얼굴을 들이비칩니다.

　그래, 나는 어머니한테 꾸지람을 되게 들어 따로 어디 갈 곳이 없이 된 날은, 이 외할머니네 때거울 툇마루를 찾아와, 외할머니가 장독대 옆 뽕나무에서 따다 주는 오디 열매를 약으로 먹어 숨을 바로 합니다. 외할머니의 얼굴과 내 얼굴이 나란히 비치어 있는 이 툇마루에까지는 어머니도 그네 꾸지람을 가지고 올 수 없기 때문입니다.

눈들 영감의 마른 명태

'눈들 영감 마른 명태 자시듯'이란 말이 또 질마재 마을에 있는데요. 참, 용해요. 그 딴딴히 마른 뼈다귀가 억센 명태를 어떻게 그렇게는 머리끝에서 꼬리끝까지 쬐끔도 안 남기고 목구먹 속으로 모조리 다 우물거려 넘기시는지, 우아랫니 하나도 없는 여든 살짜리 늙은 할아버지가 정말 참 용해요. 하루 몇십 리씩의 지게 소금장수인 이 집 손자가 꿈속의 어쩌다가의 떡처럼 한 마리씩 사다 주는 거니까 맛도 무척 좋을 테지만, 그 사나운 뼈다귀들을 다 어떻게 속에다 따 담는지 그건 용해요.

이것도 아마 이 하늘 밑에서는 거의 없는 일일 테니 불가불할 수 없이 신화의 일종이겠습죠? 그래서 그런지 아닌 게 아니라 이 영감의 머리에는 꼭 귀신의 것 같은 낡디낡은 탕건이 하나 얹히어 있었습니다. 똥구녘께는 얼마나 많이 말라 째져 있었는지, 들여다보질 못해서 거까지는 모르지만……

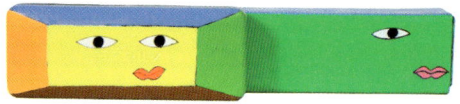

내가 여름 학질에 여러 직 앓아
영 못 쓰게 되면

   내가 여름 학질에 여러 직 앓아 영 못 쓰게 되면 아버지는 나를 업어다가 산과 바다와 들녘과 마을로 통하는 외진 네 갈림길에 놓인 널찍한 바위 우에다 엎어 버려 두었습니다. 빨가벗은 내 등때기에다간 복숭아 푸른 잎을 밥풀로 짓이겨 붙여 놓고, "꼼짝 말고 가만히 엎드렸어. 움직이다가 복사잎이 떨어지는 때는 너는 영 낫지 못하고 만다"고 하셨습니다.

   누가 그 눈을 깜짝깜짝 몇천 번쯤 깜짝거릴 동안쯤 나는 그 뜨겁고도 오슬오슬 추운 바위와 하늘 사이에 다붙어 엎드려서 우아랫니를 이어 맞부딪치며 들들들들 떨고 있었습니다. 그래, 그게 뜸할 때쯤 되어 아버지는 다시 나타나서 홑이불에 나를 둘둘 말아 업어 갔습니다.

   그래서 나는 다시 고스란히 성하게 산 아이가 되었습니다.

이삼만이라는 신

　질마재 사람들 중에 글을 볼 줄 아는 사람은 드물지마는, 사람이 무얼로 어떻게 신이 되는가를 요량해 볼 줄 아는 사람은 퍽이나 많습니다.
　이조 영조 때 남몰래 붓글씨만 쓰며 살다 간 전주 사람 이삼만이도 질마재에선 시방도 꾸준히 신 노릇을 잘하고 있는데, 그건 묘하게도 여름에 징그러운 뱀을 쫓아내는 소임으로섭니다.
　음 정월 처음 뱀날이 되면, 질마재 사람들은 먹글씨 쓸 줄 아는 이를 찾아가서 이삼만李三晩 석 자를 많이 많이 받아다가 집 안 기둥들의 밑둥마다 다닥다닥 붙여 두는데, 그러면 뱀들이 기어올라 오다가도 그 이상 더 넘어선 못 올라온다는 신념 때문입니다. 이삼만이가 아무리 죽었기로서니 그 붓 기운을 뱀아 넌들 행여 잊었겠느냐는 것이지요.
　글도 글씨도 모르는 사람들투성이지만, 이 요량은 시방도 여전합니다.

간통사건과 우물

　간통사건이 질마재 마을에 생기는 일은 물론 꿈에 떡 얻어먹기같이 드물었지만 이것이 어쩌다가 주마담(走馬痰) 터지듯이 터지는 날은 먼저 하늘은 아파야만 하였습니다. 한정 없는 땡삐 떼에 쏘이는 것처럼 하늘은 웨―하니 쏘여 몸써리가 나야만 했던 건 사실입니다.
　"누구네 마누라허고 누구네 남정네허고 붙었다네!" 소문만 나는 날은 맨 먼저 동네 나팔이란 나팔은 있는 대로 다 나와서 "뚜왈랄랄 뚜왈랄랄" 막 불어자치고, 꽹과리도, 징도, 소고도, 북도 모조리 그대로 가만있진 못하고 퉁기쳐 나와 법석을 떨고, 남녀노소, 심지어는 강아지 닭들까지 풍겨져 나와 외치고 달리고, 하늘도 아플밖에는 별 수가 없었습니다.
　마을 사람들은 아픈 하늘을 데불고 가축 오양깐으로 가서 가축용의 여물을 날라 마을의 우물들에 모조리 뿌려 메꾸었습니다. 그러고는 이 한 해 동안 우물물을 어느 것도 길어 마시지 못하고, 산골에 들판에 따로따로 생수 구먹을 찾아서 갈증을 달래어 마실 물을 대어 갔습니다.

단골무당네 머슴아이

　세상에서도 제일로 싸디싼 아이가 세상에서도 제일로 천한 단골무당네 집 꼬마둥이 머슴이 되었습니다. 단골무당네 집 노란 똥개는 이 아이보단 그래도 값이 비싸서, 끄니마다 읃어먹는 물누렁지 찌끄레기도 개보단 먼저 차례도 오지는 안했습니다.
　단골무당네 장고와 소고, 북, 징과 징채를 늘 항상 맡아 가지고 메고 들고, 단골무당 뒤를 졸래졸래 뒤따라 다니는 게 이 아이의 직업이었는데, 그러자니, 사람마닥 직업에 따라 이쿠는 눈웃음―그 눈웃음을 이 아이도 따로 하나 만들어 지니게는 되었습니다.
　"그 아이 웃음 속엔 벌써 영감이 아흔아홉 명은 들어앉았더라"고 마을 사람들은 말하더니만 "저 아이 웃음을 보니 오늘은 싸락눈이라도 한 줄금 잘 내리실라는가 보다"고 하는 데까지 가게 되었습니다. "이놈의 새끼야. 이 개만도 못한 놈의 새끼야. 네놈 웃는 쌍판이 그리 재수가 없으니 이 달은 푸닥거리 하자는 데도 이리 줄어들고 만 것이라……" 단골무당네까지도 마침내는 이 아이의 웃음에 요렇게쯤 말려들게 되었습니다.

그리하여 이 아이는 어느 사이 제가 이 마을의 그 교주가 되었다는 것을 알았는지 몰랐는지, 어언간에 그 쓰는 말투가 홰딱 달라져 버렸습니다.
 "……헤헤에이, 제밀헐 것! 팬스리는 씨월거려 쌓능구만 그리여. 가만히 그만 있지나 못허고……" 저의 집주인—단골무당보고도 요렇게 어른 말씀을 하게 되었습니다.
 그렇게쯤 되면서부터 이 아이의 장고, 소고, 북, 징과 징채를 메고 다니는 걸음걸이는 점 점 점 더 점잔해졌고, 그의 낯의 웃음을 보고서 마을 사람들이 점치는 가짓수도 또 차차로히 늘어났습니다.

까치마늘

 옛날 옛적에 하느님의 아들 환웅님이 신붓감을 고르려고 백두산 중턱에 내려와서 어쩡거리고 있을 적에, 곰하고 호랑이만 그 신붓감 노릇을 지망한 게 아니라 사실은 까치도 그걸 지망했던 것이라는 이야기가 있습니다.
 곰허고 호랑이가 쑥허고 마늘을 먹으면서, 쓰고 아린 것 잘 견디는 사람 되는 연습을 하고 있을 때, 사실은 까치도 그 옆에 따로 한 자리 벌이고 그걸 해 보기로 하고 있긴 있었지마는, 쑥은 그대로 먹을 수가 있었어도, 진짜 마늘은 너무나 아려서 차마 먹지를 못하고 안 아린 까치마늘이라는 걸로 대용을 하고 있었다는 이야기가 있습니다.
 그래서 곰만이 혼자 잘 참아 내서 덩그렇게 하느님의 며느리가 되었을 때, 너무나 쓰고 아린 걸 못 참아서 날뛰어 달아난 호랑이는 지금도 여전히 사람들한테도 대들고 으르렁거리게 되었지만, 까치는 그래도 못 견딜 걸 먹지는 안했기 때문에, 말씨도 행동거지도 아직도 상냥한 채로 새 사람이 보일 때마닥 반갑고도 안타까와 쩍쩍거리고 가까이 온다는 것입니다. 새 손님이 어느 집에 올 기미가 보일 때마닥, 한 걸음 앞서 날아와선 쩍쩍거리지 않고는 못 견딘다는 것입니다.

까치마늘은 음 삼월 보리밭 속에 겨우 끼어 꽃이 피는데, 하늘빛은 어느 만큼 하늘빛이지만, 아조 웃기게 가느다란 분홍 줄이 거기 그어져 있습니다. 이건 물론 까치하고 아이들 것이지요만 무엇이 보고 싶기사 여중 2학년짜리만큼 무척은 무척은 보고 싶은 것이지요.

분질러 버린 불칼

여름 하늘 쏘내기 속의 천둥 번개나 벼락을 많은 질마재 사람들은 언제부턴가 무서워하지 않는 버릇이 생겨 있습니다.

여자의 아이 낳는 구먹에 말뚝을 박아서 멀찌감치 내던져 버리는 놈허고 이걸 숭내 내서 갓 자라는 애기 호박에 말뚝을 박고 다니는 애녀석들만 빼놓고는 인젠 아무도 벼락을 무서워하는 사람은 거의 없이 되어서, 아무리 번개가 요란한 궂은 날에도 삿갓은 내리는 빗속에 머웃잎처럼 자유로이 들에 돋게 되었습니다.

변산의 역적 구섬백이가 그 벼락의 불칼을 분질러 버렸다고도 하고, 갑오년 동학란 때 고부 전봉준이가 그랬다고도 하는데, 그건 똑똑한 알 수 없지만, 벌도 벌도 웬놈의 벌이 백성들한텐 그리도 많은지, 역적 구섬백이와 전봉준 그 둘 중에 누가 번개 치는 날 일부러 우물 옆에서 똥을 누고 앉았다가, 벼락의 불칼이 내리치는 걸 잽싸게 붙잡아서 몽땅 분질러 버렸기 때문이라는 이얘깁니다.

그렇지만 삿갓을 머웃잎처럼 쓰고 쏘내기의 번갯불 속에 나설 용기가 없는 아이들이나 어른들은 하나 둘 셋 넷에서 열까지 그들의 숨소리를 거듭거듭 되풀이해서 세며 쏘내기 속의 그 천둥이 멎도록 방에 들어 있어야 합니다. '하나, 둘, 셋,

넷, 다섯, 여섯, 일곱, 여덟, 아홉, 열' 그렇게 세는 것이 아니라 '한나, 만나, 청국清國, 대국大國, 얼기빗, 참빗, 호종, 말종, 벙거지, 털렁' 그렇게 세야 하는 것인데, 이 셈법 이것은 이조 때 호인胡人놈들이 무지무지하게 쳐들어와서 막 직딱거릴 때 생긴 거라고 해요. '청국 대국놈 한나 만나서 호종 말종에 얼기빗 참빗의 건절巾節이고 무어고 다 소용도 없이 되고, 치사한 권력 벙거지만 털렁털렁 지랄이구나' 아마 그쯤 되는 뜻이겠지요. 한나. 만나. 청국. 대국. 얼기빗. 참빗. 호종. 말종. 벙거지. 털렁……

박꽃 시간

옛날 옛적에 중국이 꽤나 점잖했던 시절에는 '수염 쓰다듬는 시간'이라는 시간 단위가 다 사내들한테 있었듯이, 우리 질마재 여자들에겐 '박꽃 때'라는 시간 단위가 언젠가부터 생겨나서 시방도 잘 쓰여져 오고 있습니다.

"박꽃 핀다 저녁밥 지어야지 물 길러 가자." 말하는 걸로 보아 박꽃 때는 하로 낮 내내 오물었던 박꽃이 새로 피기 시작하는 여름 해 어스름이니, 어느 가난한 집에도 이때는 아직 보리쌀이라도 바닥나진 안해서, 먼 우물물을 동이로 여나르는 여인네들의 눈에서도 간장肝臟에서도 그 그뜩한 순백의 박꽃 시간을 우그러뜨릴 힘은 하늘에도 땅에도 전연 없었습니다.

그렇지마는, 혹 흥부네같이 그 겉보리쌀마저 동나 버린 집안이 있어 그 박꽃 시간의 한 귀퉁이가 허전하게 되면, 강남서 온 제비가 들어 그 허전한 데서 파다거리기도 하고 그 파다거리는 춤에 부쳐 "그리 말어, 흥부네. 오곡백과도 상평통보도 금은보화도 다 그 박꽃 열매 바가지에 담을 수 있는 것 아닌갑네." 잘 타일러 알아듣게도 했습니다.

그래서 이 박꽃 시간은 아직 우구러지는 일도 뒤틀리는 일도, 덜어지는 일도 더하는 일도 없이 꼭 그 순백의 전 질량 그대로를 잘 지켜 내려오고 있습니다.

말피

 이 땅 우의 장소에 따라, 이 하늘 속 시간에 따라, 정들었던 여자나 남자를 떼내 버리는 방법에도 여러 가지가 있겠습죠.
 그런데 그것을 우리 질마재 마을에서는 뜨끈뜨끈하게 매운 말피를 그런 둘 사이에 좌악 검붉고 비리게 뿌려서 영영 정떨어져 버리게 하기도 했습니다.
 모시밭 골 감나뭇집 설막동이네 과부 어머니는 마흔에도 눈썹에서 쌍긋한 제물향이 스며날 만큼 이뺐었는데, 여러 해 동안 도깝이란 별명의 사잇서방을 두고 전답 마지기나 좋이 사들인다는 소문이 그윽하더니, 어느 저녁엔 대사립문에 인줄을 늘이고 뜨끈뜨끈 맵고도 비린 검붉은 말피를 좌악 그 언저리에 두루 뿌려 놓았습니다.
 그래 아닌 게 아니라, 밤에 등불 켜 들고 여기를 또 찾아들던 놈팽이는 금방에 정이 새파랗게 질려서 "동네방네 사람들 다 들어 보소…… 이부자리 속에서 정들었다고 예편네들 함부로 믿을까 무섭네……" 한바탕 왜장치고는 아조 떨어져 나가 버렸다니 말씀입지요.
 이 말피 이것은 물론 저 신라 적 김유신이가 천관녀 앞에 타고 가던 제 말의 목을 잘라 뿌려 정떨어지게 했던 그 말피의 효력 그대로여서, 이조를 거쳐 일정 초기까지 온 것입니다마는 어떨갑쇼? 요새의 그 시시껄렁한 여러 가지 이별의 방법들보단야 그래도 이게 훨씬 찐하기도 하고 좋지 않을갑쇼?

지연紙鳶 승부

'싸움에는 이겨야 멋'이란 말은 있습지요만 '져야 멋'이란 말은 없사옵니다. 그런데 지는 게 한결 더 멋이 되는 일이 음력 정월 대보름날이면 이 마을에선 하늘에 만들어져 그게 일 년 내내 커어다란 한 뻗보기가 됩니다.

승부는 끈질겨야 하는 거니까 산해의 끈질긴 것 가운데서도 가장 끈질긴 깊은 바닷속의 민어 배 속의 부레를 꺼내 풀을 끓이고, 또 승부엔 날카론 서슬의 날이 잘 서 있어야 하는 거니까 칼날보다 더 날카로운 새금파리들을 모아 찧어 서릿발같이 자자란 날들을 수없이 만들고, 승부는 또 햇빛에 비쳐 보아 곱기도 해야 하는 것이니까 고은 빛갈 중에서도 얌전하게 고은 치자의 노랑 물도 옹기솥에 끓이고, 그래서는 그 승부의 연실에 우선 몇 번이고 거듭 번갈아서 먹여야 합죠.

그렇지만 선수들의 연자새의 그 긴 연실들 끝에 매달은 연들을 마을에서 제일 높은 산봉우리 우에 날리고, 막상 승부를 겨루어 서로 걸고 재주를 다하다가, 한쪽 연이 그 연실이 끊겨 나간다 하드래도, 패자는 "졌다"는 탄식 속에 놓이는 게 아니라 그 반대로 해방된 자유의 끝없는 항행 속에 비로소 들어섭니다. 산봉우리 우에서 버둥거리던 연이 그 끊긴 연실 끝을 단 채 하늘 멀리 까물거리며 사라져 가는데, 그 마음을 실어 보내면서 '어디까지라도 한번 가 보자'던 신라 때부터의 한결같은 유원감悠遠感에 젖는 것입니다.

  그래서 그들은 마을의 생활에 실패해 한정 없는 나그넷길을 떠나는 마당에도 보따리의 먼지 탈탈 털고 일어서서는 끊겨 풀려 나가는 연같이 가뜬히 가며, 보내는 사람들의 인사말도 "팔자야 네놈 팔자가 상팔자구나" 이쯤 되는 겁니다.

마당방

 우리가 옛부터 만들어 지녀 온 세 가지의 방—온돌방과 마루방과 토방土房 중에서, 우리 도시 사람들은 거의 시방 두 가지의 방—온돌방하고 마루방만 쓰고 있지만, 질마재나 그 비슷한 촌마을에 가면 그 토방도 여전히 잘 쓰여집니다. 옛날엔 마당 말고 토방이 또 따로 있었지만, 요즘은 번거로워 그걸 따로 하는 대신 그 토방이 그리워 마당을 갖다가 대용으로 쓰고 있지요. 그리고 거기 들이는 정성이사 예나 이제나 매한가지지요.
 음 칠월 칠석 무렵의 밤이면, 하늘의 은하와 북두칠성이 우리의 살에 직접 잘 배어들게 왼 식구 모두 나와 딩굴며 노루잠도 살풋이 붙이기도 하는 이 마당 토방. 봄부터 여름 가을 여기서 말리는 산과 들의 풋나무와 풀 향기는 여기 절이고, 보리타작 콩타작 때 연거푸 연거푸 두들기고 메어 부친 도리깨질은 또 여기를 꽤나 매끄럽겐 잘도 다져서, 그렇지 광한루의 석경石鏡 속의 춘향이 낯바닥 못지않게 반드랍고 향기로운 이 마당 토방. 왜 아니야. 우리가 일 년 내내 먹고 마시는 음식들 중에서도 제일 맛 좋은 풋고추 넣은 칼국수 같은 것은 으레 여기 모여 앉아 먹기 망정인 이 하늘 온전히 두루 잘 비치는 방. 우리 학질 난 식구가 따가운 여름 햇살을 몽땅 받으

려 홑이불에 갬겨 오구라져 나자빠졌기도 하는, 일테면 병원 입원실이기까지도 한 이 마당방. 부정한 곳을 지내온 식구가 있으면, 더럼이 타지 말라고 할머니들은 하얗고도 짠 소금을 여기 뿌리지만, 그건 그저 그만큼 한 마음인 것이지 미신이고 뭐고 그럴려는 것도 아니지요.

알뫼집 개피떡

 알뫼라는 마을에서 시집와서 아무껏도 없는 홀어미가 되어 버린 알뫼댁은 보름사리 그뜩한 바닷물 우에 보름달이 뜰 무렵이면 행실이 궂어져서 서방질을 한다는 소문이 퍼져, 마을 사람들은 그네에게서 외면을 하고 지냈습니다만, 하늘에 달이 없는 그믐께에는 사정은 그와 아주 딴판이 되었습니다.
 음 스무날 무렵부터 다음 달 열흘까지 그네가 만든 개피떡 광주리를 안고 마을을 돌며 팔러 다닐 때에는 "떡 맛하고 떡 맵시사 역시 알뫼집네를 당할 사람이 없지." 모두 다 흡족해서, 기름기로 번즈레한 그네 눈망울과 머리털과 손끝을 보며 찬양하였습니다. 손가락을 식칼로 잘라 흐르는 피로 죽어가는 남편의 목을 축이었다는 이 마을 제일의 열녀 할머니도 그건 그랬었습니다.
 달 좋은 보름 동안은 외면당했다가도 달 안 좋은 보름 동안은 또 그렇게 이해되는 것이었지요.
 앞니가 분명히 한 개 빠져서까지 그네는 달 안 좋은 보름 동안을 떡 장사를 다녔는데, 그동안엔 어떻게나 이빨을 희게 잘 닦는 것인지, 앞니 한 개 없는 것도 아무 상관없이 달 좋은 보름 동안의 연애의 소문은 여전히 마을에 파다하였습니다.

방 한 개 부엌 한 개의 그네 집을 마을 사람들은 속속들이 다 잘 알지만, 별다른 연장도 없었던 것인데, 무슨 딴손이 있어서 그 개피떡은 누구 눈에나 들도록 그리도 이쁘게 만든 것인지, 빠진 이빨 사이를 사내들이 못 볼 정도로 그 이빨들은 그렇게도 이쁘게 했던 것인지, 머리털이나 눈은 또 어떻게 늘 그렇게 깨끗하게 번즈레하게 이쁘게 해낸 것인지 참 묘한 일이었습니다.

소망(똥깐)

 아무리 집안이 가난하고 또 천덕꾸러기드래도, 조용하게 호젓이 앉아, 우리 가진 마지막 것—똥하고 오줌을 누어 두는 소망 항아리만은 그래도 서너 개씩은 가져야지. 상감 녀석은 궁의 각장 장판방에서 백자의 매화틀을 타고 누지만, 에잇, 이것까지 그게 그까진 정도여서야 쓰겠나. 집 안에서도 가장 하늘의 해와 달이 별이 잘 비치는 외따른 곳에 큼직하고 단단한 옹기 항아리 서너 개 포근하게 땅에 잘 묻어 놓고, 이 마지막 이거라도 실컨 오붓하게 자유로이 누고 지내야지.
 이것에다가는 지붕도 휴지도 두지 않는 것이 좋네. 여름 폭주하는 햇빛에 일사병이 몇천 개 들어 있거나 말거나, 내리는 쏘내기에 벼락이 몇만 개 들어 있거나 말거나, 비 오면 머리에 삿갓 하나로 웅뎅이 드러내고 앉아 하는, 휴지 대신으로 손에 닿는 곳의 흥부 박잎사귀로나 밑 닦아 간추리는—이 한국 '소망'의 이 마지막 용변 달갑지 않나?
 '하늘에 별과 달은
 소망에도 비친답네.'
 가람 이병기가 술만 거나하면 가끔 읊조려 찬양해 왔던, 그 별과 달이 늘 두루 잘 내리비치는 화장실—그런 데에 우리의 똥오줌을 마지막 잘 누며 지내는 것이 역시 아무래도 좋은 것 아니겠나? 마지막 것일라면야 이게 역시 좋은 것 아니겠나?

신선 재곤이

땅 우에 살 자격이 있다는 뜻으로 '재곤在坤'이라는 이름을 가진 앉은뱅이 사내가 있었습니다. 성한 두 손으로 멍석도 절고 광주리도 절었지마는, 그것만으론 제 입 하나도 먹이지를 못해, 질마재 마을 사람들은 할 수 없이 그에게 마을을 앉아 돌며 밥을 빌어먹고 살 권리 하나를 특별히 주었었습니다.

'재곤이가 만일에 제 목숨대로 다 살지를 못하게 된다면 우리 마을 인정은 바닥난 것이니, 하늘의 벌을 면치 못할 것이다.' 마을 사람들의 생각은 두루 이러하여서, 그의 세 끼니의 밥과 치위를 견딜 옷과 불을 늘 뒤대어 돌보아 주어 오고 있었습니다.

그런데, 그것이 갑술년이라던가 을해년의 새 무궁화 피기 시작하는 어느 아침 끼니부터는 재곤이의 모양은 땅에서도 하늘에서도 일절 보이지 않게 되고, 한 마리 거북이가 기어다니듯 하던 살았을 때의 그 무겁디무거운 모습만이 산 채로 마을 사람들의 마음속마다 남았습니다. 그래서 마을 사람들은 하늘이 줄 천벌을 걱정하고 있었습니다.

그러나, 해가 거듭 바뀌어도 천벌은 이 마을에 내리지 않고, 농사도 딴 마을만큼은 제대로 되어, 신선도神仙道에도 약간 앎이 있다는 좋은 흰 수염의 조 선달 영감님은 말씀하셨습니다. "재곤이는 생긴 게 꼭 거북이같이 안 생겼던가. 거북이도 학이나 마찬가지로 목숨이 천년은 된다고 하네. 그러니, 그 긴 목숨을 여기서 다 견디기는 너무나 답답하여서 날개 돋아나 하늘로 신선살이를 하러 간 거여……"

그래 "재곤이는 우리들이 미안해서 모가지에 연자맷돌을 단단히 매어달고 아마 어디 깊은 바다에 잠겨 나오지 않는 거라"던 마을 사람들도 "하여간 죽은 모양을 우리한테 보인 일이 없으니 조 선달 영감님 말씀이 마음적으로야 불가불 옳기사 옳다"고 하게는 되었습니다. 그래서 그들도 두루 그들의 마음속에 살아서만 있는 그 재곤이의 거북이 모양 양쪽 겨드랑에 두 개씩의 날개들을 안 달아 줄 수는 없었습니다.

추사와 백파와 석전

질마재 마을의 절간 선운사의 중 백파한테 그의 친구 추사 김정희가 만년의 어느 날 찾아들었습니다.

종이쪽지에 적어온 '돌이마[石顚]'란 아호 하나를 백파에게 주면서,

"누구 주고 시푼 사람 있거던 주라"고 했습니다.

그러나, 백파는 그의 생전 그것을 아무에게도 주지 않고 아껴 혼자 지니고 있다가 이승을 뜰 때, "이것은 추사가 내게 맡겨 전하는 것이니 후세가 임자를 찾아서 주라"는 유언으로 감싸서 남겨 놓았습니다.

그것이 이조가 끝나도록 절간 설합 속에서 묵어 오다가, 딱한 일본 식민지 시절에 박한영이라는 중을 만나 비로소 전해졌는데, 석전 박한영은 그 아호를 받은 뒤에 30년 간이나 이 나라 불교의 대종정 스님이 되었고, 또 불교의 한일합병도 영 못 하게 막아냈습니다.

지금도 선운사 입구에 가면 보이는 추사가 글을 지어 쓴 백파의 비석에는 '대기대용大機大用'이라는 말이 큼직하게 새겨져 있습니다. 추사가 준 아호 '석전'을 백파가 생전에 누구에게도 주지 않고, 이 겨레의 미래영원에다 가만히 유언으로 싸서 전하는 것을 알고 추사도 "야! 단수 참 높구나!" 탄복한 것이겠지요.

석녀 한물댁의 한숨

아이를 낳지 못해 자진해서 남편에게 소실을 얻어 주고, 언덕 위 솔밭 옆에 홀로 살던 한물댁은 물이 많아서 붙여졌을 것인 한물이란 그네 친정 마을의 이름과는 또 달리 무척은 차지고 단단하게 살찐 옥같이 생긴 여인이었습니다. 질마재 마을 여자들의 눈과 눈썹, 이빨과 가르마 중에서는 그네 것이 그중 단정하게 이쁜 것이라 했고, 힘도 또 그중 아마 실할 것이라 했습니다. 그래, 바람 부는 날 그네가 그득한 옥수수 광우리를 머리에 이고 모시밭 사잇길을 지날 때, 모시잎들이 바람에 그 흰 배때기를 뒤집어 보이며 파닥거리면 그것도 "한물댁 힘 때문이다"고 마을 사람들은 웃으며 우겼습니다.

그네 얼굴에서는 언제나 소리도 없는 엣비식한 웃음만이 옥 속에서 핀 꽃같이 벙그러져 나와서 그 어려움으론 듯 그 쉬움으론 듯 그걸 보는 남녀노소들의 웃입술을 두루 위로 약간씩은 비끄러 올리게 하고, 그 속에 웃니빨들을 어쩔 수 없이 잠깐씩 드러내 놓게 하는 막강한 힘을 가졌었기 때문에, 그걸 당하는 사람들은 힘에 겨워선지 그네의 그 웃음을 오래 보지는 못하고 이내 슬쩍 눈을 돌려 한눈들을 팔아야 했습니다. 사람들뿐 아니라 개나 고양이도 보고는 그렇더라는 소문도 있어요. "한물댁같이 웃기고나 살아라." 모두 그랬었지요.

그런데 그 웃음이 그만 마흔 몇 살쯤 하여 무슨 지독한 열병이라던가로 세상을 뜨자, 마을에는 또 다른 소문 하나가 퍼져서 시방까지도 아직 이어 내려오고 있습니다. 그 한물댁이 한숨 쉬는 소리를 누가 들었다는 것인데, 그건 사람들이 흔히 하는 어둔 밤도 궂은 날도 해 어스름도 아니고 아침 해가 마악 올라올락 말락한 아주 맑고 밝은 어떤 새벽이었다고 합니다. 그리고 그것은 그네 집 한 치 뒷산의 마침 이는 솔바람 소리에 아주 썩 잘 포개어져서만 비로소 제대로 사운거리더라구요.

그래 시방도 맑은 아침에 이는 솔바람 소리가 들리면 마을 사람들은 말해 오고 있습니다. "하아 저런! 한물댁이 일찌감치 일어나 한숨을 또 도맡아서 쉬시는구나! 오늘 하루도 그렁저렁 웃기는 웃고 지낼라는가 부다"고……

내소사 대웅전 단청

　내소사 대웅보전 단청은 사람의 힘으로도 새의 힘으로도 호랑이의 힘으로도 칠하다가 칠하다가 아무래도 힘이 모자라 다 못 칠하고 그대로 남겨 놓은 것이다.
　내벽 서쪽의 맨 위쯤 앉아 참선하고 있는 선사, 선사 옆 아무것도 칠하지 못하고 너무나 휑하니 비어 둔 미완성의 공백을 가 보아라. 그것이 바로 그것이다.
　이 대웅보전을 지어 놓고 마지막으로 단청사를 찾고 있을 때, 어떤 해 어스름 성명도 모르는 한 나그네가 서로부터 와서 이 단청을 맡아 겉을 다 칠하고 보전 안으로 들어갔는데, 문고리를 안으로 단단히 걸어 잠그며 말했었다.
　"내가 다 칠해 끝내고 나올 때까지는 누구도 절대로 들여다보지 마라."
　그런데 일에 폐는 속에서나 절간에서나 언제나 방정맞은 사람이 끼치는 것이라, 어느 방정맞은 중 하나가 그만 못 참아 어느 때 슬그머니 다가가서 뚫어진 창구멍 사이로 그 속을 들여다보고 말았다.
　나그네는 안 보이고 이쁜 새 한 마리가 천정을 파닥거리고 날아다니면서 부리에 문 붓으로 제몸에서 배어나는 물감을

묻혀 곱게 곱게 단청해 나가고 있었는데, 들여다보는 사람 기척에

"아앙!"

소리치며 떨어져 내려 마룻바닥에 납작 사지를 뻗고 늘어지는 걸 보니, 그건 커어다란 한 마리 불호랑이였다.

"대호大虎 스님! 대호 스님! 어서 일어나시겨라우!"

중들은 이곳 사투리로 그 호랑이를 동문 대우를 해서 불러 댔지만 영 그만이어서, 할 수 없이 그럼 내생來生에나 소생蘇生하라고 이 절 이름을 내소사來蘇寺라고 했다.

그러고는 그 단청하다가 미처 다 못한 그 빈 공백을 향해 벌써 여러 백년의 아침과 저녁마다 절하고 또 절하고 내려오고만 있는 것이다

풍편의 소식

 옛날 옛적에도 사람들의 마음은 천차만별이어서, 그 사람 사이 제 정으로 언약하고 다니며 사람 노릇하기란 참으로 따분한 일이라, 그 어디만큼서 그만 작파해 버리고 깊은 산으로 들어와 버린 두 사내가 있었습니다. 한 사내의 이름은 '기회 보아서'고, 또 한 사내의 이름은 '도통道通이나 해서'였습니다. '기회 보아서'는 산의 남쪽 모롱에 초막을 치고 살고, '도통이나 해서'는 산의 북쪽 동굴 속에 자리 잡아 지내면서, 가끔 어쩌다가 한 번씩 서로 찾아 만났는데, 그 만나는 약속 시간을 정하는 일까지도 그들은 이미 그들 본위로 하는 것은 깡그리 작파해 버리고, 수풀에 부는 바람이 그걸 정하게 맡겨 버렸습니다.
 "아주 아름다운 바람이 북녘에서 불어와서 산골짜기 수풀의 나뭇잎들을 남쪽으로 아주 이쁘게 굽히면서 파다거리거던, 여보게, '기회 보아서!' 자네가 보고 싶어 내가 자네 쪽으로 걸어가고 있는 줄로 알게." 이것은 '도통이나 해서'가 한 말이었습니다.
 "아주 썩 좋은 남풍이 불어서 산골짜기의 나뭇잎들을 북쪽으로 멋드러지게 굽히며 살랑거리거던 그건 또 내가 자네를 만나고 싶어 가는 신호니, 여보게 '도통이나 해서!' 그때는 자네가 그 어디쯤 마중 나와 서 있어도 좋으이." 이것은 '기회 보아서'의 말이었습니다.

그런데 그 '기회 보아서'와 '도통이나 해서'가 그렇게 해 빙글거리며 웃고 살던 때가 그 어느 때라고. 시방도 질마재 마을에 가면, 그 오랜 옛 습관은 꼬리롤망정 아직도 쬐그만큼 남아 있기는 남아 있습니다.

오래 이슥하게 소식 없던 벗이 이 마을의 친구를 찾아들 때면 "거 자네 어딜 쏘다니다가 인제사 오나? 그렇지만 풍편으론 소식 다 들었네." 이 마을의 친구는 이렇게 말하는데, 물론 이건 쬐끔인 대로 저 옛것의 꼬리이기사 꼬리입지요.

죽창竹窓

　대수풀이 바람에 서걱이는 소리를 듣고 있으면, 우리들 귀엔—'비밀입니까. 비밀이라니요. 나에게 무슨 비밀이 있겠습니까. (…) 나의 비밀은 떨리는 가슴을 거쳐서 당신의 촉각으로 들어갔습니다.' 한용운 스님의 「비밀」이라는 시구절을 소근거리고 있는 것같이만 들리는데, 신라 사람들 귀엔 그런 추상일 필요까지도 없는 순 실토로 "우리 임금님 귀는 당나귀 귀……"니 하는, 숨긴 사실을 막 집어내서 폭로하고 있는 소리로만 들렸었습지요. 신라 경문왕은 마누라가 너무나 밉게 생겨서, 밤엔 뱀각시들을 가슴 위에 넣어 놓아 핥게 하고 지내다가설라문 쭈뼛쭈뼛한 짐승 업보로 긴 당나귀 귀가 되어 복두로 거길 가려 숨기고 지냈는데, 이걸 혼자만 알고 있는 복두쟁이 놈이 끝까지 가만 있지를 못하고, 죽을 때 대수풀로 가서 "우리 임금님 귀는 당나귀 귀다." 한마디 소근거려 놓았기 때문에 대수풀이 그다음부터는 그렇게 소근거린다든지 그런 실담實談의 폭로 소리였습죠.
　일이 이리 어찌 되어 내려오다가 창을 대쪽으로 엮어 매는 습관은 생긴 겁니다. '비밀입니까. 비밀이라니요. 나에게 무슨 비밀이 있겠습니까.' 한용운 선생님이 맞았어요. 결국 고려초롬 주장하기 위해서지요.

방 안의 주장을 위해서뿐이 아니라, 밖에서 느물고 오던 호랑이라든지 그런 것들의 침략의 비밀도 민감하디민감한 여기 울리어선 다 모조리 탄로 나지 않을 수는 없는 것이니…… 탄로 나는 것이사 호랑이라고 해서 겁 안 내고 견딜 수만도 없는 것이니……

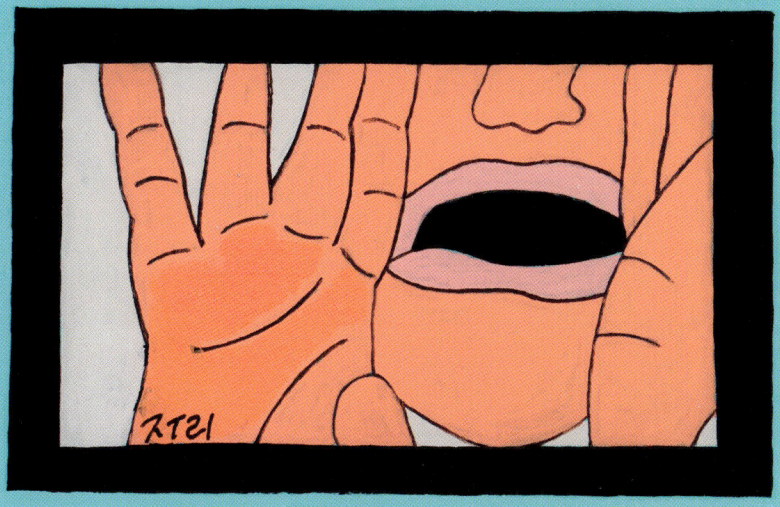

걸궁배미

세 마지기 논배미가 반달만큼 남았네.
네가 무슨 반달이냐, 초생달이 반달이지.

농부가 속의 이 귀절을 보면, 모 심다가 남은 논을 하늘에 뜬 반달에다가 비유했다가 냉큼 그것을 취소하고 아무래도 진짜 초생달만큼이야 할쏘냐는 느낌으로 고쳐 가지는 농부들의 약간 겸손하는 듯한 마음의 모양이 눈에 선히 잘 드러나 보인다. 그러나,

이 논배미 다 심고서 걸궁배미로 넘어가세.

하는 데에 오면

네가 무슨 걸궁이냐, 무당 음악이 걸궁이지.

하고 고치는 귀절은 전연 보이지 않는 걸 보면 이 걸궁배미라는 논배미만큼은 하나 에누리할 것도 없는 문자 그대로의 무당의 성악이요, 기악이요, 또 그 병창인 것이다. 그 질척질척한 검은 흙은 물론, 거기 주어진 오물의 거름, 거기 숨어

농부의 다리의 피를 빼는 찰거머리까지 두루 합쳐서 송두리째 신나디신난 무당의 음악일 따름인 것이다.

그러고, 걸궁에는 중들이 하는 걸궁도 있는 것이고, 중의 걸궁이란 결국 부처님의 고오고오 음악, 부처님의 고오고오 춤바로 그런 것이니까, 이런 쪽에서 이걸 느껴 보자면, 야! 참 이것 상당타.

심사숙고

　백순문白舜文의 사형제는 뱃사람이었는데, 을축년 봄 풍랑에 맏형 순문이 목숨을 빼앗긴 뒤 남은 삼형제는 심사숙고에 잠겼습니다.
　심사숙고는 그러나, 그걸 오래오래 하고 지내 보자면 꼭 그것만으로는 견디기 어려운 것이어서, 큰 아우 백관옥白冠玉이는 술로 그 장단을 맞추었던 것인데, 이 사람은 술도 가짜 술은 영 못 마시는 성미라, 해마다 밀주를 담아서는 숨겨 두고 찔큼찔큼 마시고 앉았다가 순경한테 들키면 그때마다 벌금만큼 징역살이를 되풀이 되풀이해 살고 나와야 했습니다. 둘째 아우 백사옥白士玉이도 그 긴 심사숙고의 사이, 마지못해 사용한 게 술은 술이었지만, 그래도 백사옥이 술은 진가眞假를 까다롭게 가리지도 않는 것이어서 아무것이나 앵기는 대로 처마셨기 때문에 벌금조로 또박또박 징역 살러 갈 염려까지는 없었지마는, 그놈의 악주독惡酒毒으로 가끔 거드렁거리고, 웃통을 벗고 덤비고, 네 갈림길 넙적바위 같은 데 넙죽넙죽 나자빠져 버리고 하는 것이 흉이었습니다.
　이 두 형에 비기면, 막내 아우 백준옥白俊玉이가 그의 심사숙고 사이에 빚어 두고 지내던 건 좀 별난 것이어서 우리를 꽤나 잘 웃깁니다. 백준옥이는 그가 난 딸나미가 볼우물도

좋고 오목오목하게 생겼대서 '오목녀'라고 이름을 붙이고, 또 석류나무를 부엌 옆에도 하나, 문간에도 하나 두 그루나 심어 꽃 피워 가지고 지내면서, 언제, 어떻게 남의 눈에 안 띄이게 연습시킨 것인지, 한동안이 지내자, 이 집 웃음과 아양을 왼 마을에서도 제일 귀여운 것으로 만들어 "아양이라면이사, 암, 백준옥이네 아양이 이 하늘 밑에서는 제일이지 제일이여"가 되고 만 것입니다.

그렇기사 그렇기는 했지만서두, 이런 그들의 심사숙고는 그들의 일생 동안 끝나는 날도 없이 끝없이 끝없이만 이어 가다가, 또다시 그들의 아들딸들 마음속으로 이어 넘어갈밖에 없었습니다.

그러다가 어느 해 어느 날, 그 석류꽃 아양 집―그 백준옥이네 집 아들 하나가 그 두 代의 심사숙고의 끝을 맺기는 겨우 맺었습니다. 그 집 식구들 가운데서도 유체 얼굴의 눈웃음의 아양이 좋은 아들 백풍식白風植이가 바닷물에 배를 또 부리기 시작하기는 시작했습니다만, 멀고 깊은 바다 풍랑에 죽을 염려가 있는 어선이 아니라, 난들목 얕은 물인 조화치造化峙 나루터의 나룻배 사공을 새로 시작한 것입니다.

침향 沈香

 침향을 만들려는 이들은, 산골 물이 바다를 만나러 흘러내려 가다가 바로 따악 그 바닷물과 만나는 언저리에 굵직굵직한 참나무 토막들을 잠거 넣어 둡니다. 침향은, 물론 꽤 오랜 세월이 지낸 뒤에, 이 잠근 참나무 토막들을 다시 건져 말려서 빠개어 쓰는 겁니다만, 아무리 짧아도 이삼백 년은 수저에 가라앉아 있는 것이라야 향내가 제대로 나기 비롯한다 합니다. 천 년쯤씩 잠긴 것은 냄새가 더 좋굽시오.

 그러니, 질마재 사람들이 침향을 만들려고 참나무 토막들을 하나씩 하나씩 들어내다가 육수陸水와 조류潮流가 합수合水치는 속에 집어넣고 있는 것은 자기들이나 자기들 아들딸이나 손자손녀들이 건져서 쓰려는 게 아니고, 훨씬 더 먼 미래의 누군지 눈에 보이지도 않는 후대들을 위해섭니다.

 그래서 이것을 넣는 이와 꺼내 쓰는 사람 사이의 수백 수천 년은 이 침향 내음새 꼬옥 그대로 바짝 가까이 그리운 것일 뿐, 따분할 것도, 아득할 것도, 너절할 것도, 허전할 것도 없습니다.

꽃

꽃 옆에 가까이 가는 아이들이 있으면, 할머니들은
"얘야 눈 아피 날라. 가까이 가지 마라."
고 늘 타일러 오셨습니다.
그래서 질마재 마을 사람들은 해마다 피어나는 산과 들의 꽃들을 이쁘다고 꺾기는커녕, 그 옆에 가까이는 서지도 않고, 그저 다만 먼발치서 두고 아스라히 아스라히만 이뻐해 왔습니다.
그러나, 꼭 한 가지 예외가 있긴 있었습니다. 그것은 딴 게 아니라, 누구거나 즈이 집 송아지를 이뻐하는 사람이, 그 송아지가 스물넉 달쯤을 자라서 이제 막 밭을 서먹서먹 갈 만큼 되었을 때, 그때가 바로 진달래꽃 때쯤이어서, 그새 뿌사리의 두 새로 자란 뿔 사이에 진달래꽃 몇 송이를 매달아 두는 일입니다.
소―그것도 스물넉 달쯤 자란 새 뿌사리 소만은 눈 아피도 모른다 해서 그리해 온 것이었어요.

대흉년

 흉년의 봄 굶주림이 마을을 휩쓸어서 우리 식구들이 쑥버무리에 밀 껍질 남은 것을 으깨 넣어 익혀 먹고 앉았는 저녁이면 할머님은 우리를 달래시느라고 입만 남은 입속을 열어 웃어 보이시면서 우리들보고 알아들으라고 그분의 더 심했던 대흉년의 경험을 말씀하셨습니다.
 "밀 껍질이라도 아직은 좀 남았으니 부자 같구나. 을사년 무렵 어느 해 봄이던가, 나와 너의 할아버지는 이 쑥버무리에 아무것도 곡기 넣을 게 없어서 못자리의 흙을 집어다 넣어 끄니를 에우기도 했었느니라. 그래도 우리는 씻나락까지는 먹어 치우지는 안했다. 새 가을 새 추수를 기대려 본 것이지…… 그런데 요샛것들은 기대릴 줄을 모른다. 씻나락도 먹어 치우는 것들이 있으니, 그것들이 그리 살다 죽으면 귀신도 그때는 씻나락 까먹는 소리를 낼 것이고, 그런 귀신 섬기는 새것들이 나와 늘면 어찌 될 것인고……"

소×한 놈

왼 마을에서도 품행 방정키로 으뜸가는 총각놈이었는데, 머리숱도 제일 짙고, 두 개 앞니빨도 사람 좋게 큼직하고, 씨름도 할라면이사 언제나 상씨름밖에는 못하던 아주 썩 좋은 놈이었는데, 거짓말도 에누리도 영 할 줄 모르는 숫하디숫한 놈이었는데, '소×한 놈'이라는 소문이 나더니만 밤사이 어디론지 사라져 버렸다. 즈이 집 그 암소의 두 뿔 사이에 봄 진달래 꽃다발을 매어 달고 다니더니, 어느 밤 무슨 어둠발엔지 그 암소하고 둘이서 그만 영영 사라져 버렸다. "사경四更이면 우리 소 누깔엔 참 이뿐 눈물이 고인다"고 누구보고 언젠가 그러더라나. 아마 틀림없는 성인聖人 녀석이었을 거야. 그 발자취에서도 소똥 향내쯤 살풋이 나는 틀림없는 틀림없는 성인 녀석이었을 거야.

김유신풍

　신라 선덕여왕이 여자라고 업신여기고 역적놈의 새끼들이 수근거리고 있다가 마침 밤하늘에 유성이 흘러내리는 걸 보고 "궁중에 떨어지더라, 여왕 때문에 나라가 망할 징조다." 파다한 소문을 퍼뜨려 대단히 형이상학적인 국민들의 마음을 평안치 못하게 하고 있었을 때, 김유신이 역시 밤하늘에 불붙인 짚 제웅을 매달은 종이연을 날려 올리며 "그 고약한 별이 내려왔다 무서워서 다시 올라간다. 보아라!" 널리 왜장을 치게 해 감쪽같이 그 국민의 불안을 없이해 버렸다는 이야기는 삼국유사에도 들어 있어 책 볼 줄 아는 사람은 두루 다 잘 알지만, 우리 질마재에서 똥구녕이 찢어지게 가난한 미련둥이 총각 녀석 하나가 종이연이 아니라 진짜 매 발에다가 등불을 매달아 밤하늘에 날려서 마을 장자長者의 쓸개를 써늘케 해 그 이뿐 딸한테로 장가를 한번 잘 든 이야기는 아마 별로 잘 모르는 모양이기에 불가불 여기 아래 아주 심심한 틈바구니 두어 자 적어 끼워 두노라.

　마을에서도 제일로 무얼 못 먹어서 똥구녕이 마르다가 마르다가 찢어지게끔 생긴 가난한 늙은 과부의 외아들 황먹보는 낫 놓고 ㄱ자도 그릴 줄 모르는 무식꾼인 데다가 두 눈썹이 아조 찰싹 두 눈깔에 달라붙게스리는 미련하디미련한 총각 녀석이라, 늙은 에미 손이 사철 오리발이 다 되도록 마을의 마른일 진일 다 하고 다니며 누렁지 찌꺼기 사발이나 얻어다가 알리면 늘 항상 아랫목에서 퍼먹고 웃목 요강에 가똥 누는 재주밖에 더한 재주는 없던 녀석이었는데, 그래도 음양은 어찌 알았던지, 어느 날 저녁때 울타리 개구녁 사이로 옆집 장자네 집 딸 얼굴을 한 번 딱 디려다보고는 저쪽에선 눈도 거들떠보지도 않는데 그만 혼자 상사병에 걸리고 말았것다.

"오매 오매" 불러서

"뭇 헐레?" 하니

"오매 나 매 한 마리만 구해다 주소" 해서, 논 매주기 밭 매주기 품삯 앞당겨 간신히 그것 한 마리를 구해다가 주었더니, 그건 방 아랫목 횃대에다 단단히 못 도망가게 매달아 놓고,

"오매 오매 나 피모시 한 묶음만 또 구해다 주소" 해서 또 그것도 이리저리 알탕갈탕 구해다 주었더니 그걸로는 가느스름하게 새끼줄을 길게 길게 꼬아 서리어 두고,

"오매 오매 이번에는 말방울 하나허고, 대막지 단단한 놈으로 한 개허고 창호지 한 장허고, 초 한 자루만 냉큼 가서 구해다 주소" 해서 그것도 미리 끌끌 어찌어찌 때워 맞춰 겨우

겨우 구해다가 주었더니 그 대막가지는 쪼개어 굽혀 포개고, 그 초는 그 속에 든든히 박아 꽂고, 그 창호지는 거기 둘러싸 아 덩그랗게 등 하나를 만들어서 놓고는, 아까 그 횃대의 매를 갖다가 한쪽 발에 아까의 그 말방울을 잘랑잘랑 달고, 그 바로 밑에 아까의 그 종이등을 안 떨어지게 또 잘 매달아 놓고, 그러고는

"오매 오매 나 흙 말이여. 황토흙 말고 아조 까만 찰흙으로 잘 골라서 한 소쿠리만 또 파다 줄란가" 해서 또 그것도 자식 하자는 대로 또 그렇게 해 주었더니, 년석은 다음엔 또 "오매 오매 부엌 물독에 가서 바가지로 물을 퍼다가 그 흙을 잘 좀 이겨 주소" 하는 것이다.

그러고 해가 졌는데, 년석은 또 오매를 부를 줄 알았더니 이번에는 아무 소리 없이 후다닥딱 우아랫두리 입은 걸 몽땅 벗어 내팽개쳐 버리더니 와르르르 그 개어 논 뻘흙 옆으로 다가가서 왼 몸뚱이를 두 눈구먹만 내놓고는 까맣게 까맣게 흙 탕으로 번지르르 칠하고 나서는 아까 그 피모시 줄 끝에 매하고 방울하고 같이 매단 종이등에 부싯돌로 불을 덩그랗게 붙여 밝히곤, 그것들을 모두 두 손에 감아쥐고 뒷집 장자네 집 대문간 큰 감나무 위로 뽀르르르 다람쥐 새끼같이 기어올라

갔다.

"장자야! 장자야! 너 저녁 먹었냐? 아마 벌써 먹었을 테지? 장자야 너는 내가 누군지 내 소리만 듣고 아직 모를 테지만 인제 두 눈으로 똑똑히 보게 되면 잘 알게 돼야. 나는 딴 사람이 아니고, 누구냐 허면 바로 하눌님의 사자使者다! 뒤창문 좀 열어 보아라, 나를 보고 싶거든 어서 냉큼 그 뒤창 좀 열고 보랑게."

뒤창문은 아무리 시시한 일에도 멋대로 열라고 있는 것인데, 요만큼한 소리면야 그야 열릴 수밖에.

장자가 뒤창문을 여는 것이 보이자, 년석은 손에 거머쥐고 있던 매를 하늘에 풀어 날렸네. 아 장자 눈귀가 제아무리 밝은들 하늘로 올라가는 불하고 방울 소리밖에 무얼 보고 또 들어? 그때를 놓치지 않고 년석은 아주 썩 점잖게 또 한마디 했지.

"장자야 내가 하눌님 사자랑 건 인제 네 두 눈으로 똑똑히 봤응게 알 테지만, 일이사 딴 별것 아니고, 왜 느이 앞집에 미련둥이 황먹보 있지? 말이사 바로 말이지만 그 사람이 아직은 때를 못 만나서 그렇지 인제 두고 봐라, 쓰기는 크게 쓸 것잉게. 여러 말 할 것 뭇 있냐? 왜 너의 집 큰가시내 딸 있지 않냐? 그 가시내를 덮어놓고 황먹보한테 주어라 주어! 어기면 하눌에서 큰 벌이 있을 줄을 알렷다!"

그래 그 하늘로 날아오르는 불에, 그 방울 소리에, 이 먹보의 이 한마디가 서로 잘 어울려 가지고, 이때만 해도 너무나 지나치게 사람들의 마음이 형이상학적이던 때라 놔서 장자는
"예."
하고, 그 이뿐 딸과, 그 잘 여무는 논밭과, 좋은 요이부자리에, 살림 세간을 주어 그 먹보를 사위 삼았다는 이얘긴데, 글쎄 어쨌었는지 우리 두 눈으론 똑똑히 보지 못해서 뭐라 장담할 수는 없지만서두, 하여간에 저 김유신의 삼국유사 속 이얘기가 이렇게 번안되어 내려온 걸 들어 보는 건 꽤 재미가 있다.

|발문|

근 20년 전의 어느 해 가을 미당 선생은 그 당시 내가 일하고 있던 현대문학사에 와 시 한 편의 원고료를 손수 탔다. 그때나 지금이나 시 한 편의 고료라면 형편없는 액수인데 미당 선생은 슬쩍 내게 눈짓을 보냈다. 출출한데 나가서 한잔하자는 것을, 눈칫밥으로 자란 내가 모를 리가 없다. 따라나섰다.
 해가 기울 무렵이었다. 술집에 들어서니 손님은 없고 안주인이 방문을 열어 놓은 채 이불을 꾸미고 있었다.
 —아주머니 가을 이불 꾸미는 걸 보니까 내 마음이 아주 찬란해지는데…… 어때, 이 찬란한 것, 재삼은 아시지, 술맛 나겠구먼.

이 간단한 한 말씀이 내게는 두고두고 잊혀지지 않는다. 나는 아무렇지 않게 들어섰건만 그분은 천성天成의 시인답게 범상한 것에 아름다움을 부여하고 경이의 눈을 집중시키고 있었던 것이다. 이것은 또한 그분의 눈이 항상 젊어 있다는 증거일 거라고 생각하기도 했었다.

그 젊어 있는 눈, 그것 때문에 그분은 우리 시단의 선두주자가 되어 왔고, 저력 있고 활기 있는 시를 줄곧 써 온 것으로 알고 있다.

그런 미당 선생이 어느새 회갑을 맞이하게 되었다는 것이 내게는 도저히 믿어지지 않는다. 창창한 젊음을 가진 '서정주의 시'에 노년을 생각하고 싶지 않은 인간적 상정이 남는 것을 어쩔 수 없다.

그분의 이 젊음 때문에, 회갑이라 해서 후배들이 송수시頌壽詩나 써서 책으로 내어 바치는 일을 지양하고, 그분의 창작 시집을 내는 것으로 회갑을 기리게 된 것으로 안다. 그분의 말마따나 이 일은 아주 '찬란한 것'이다.

이 시집은 『화사집』(1941), 『귀촉도』(1948), 『서정주시선』(1956), 『신라초』(1961), 『동천』(1968)에 이은 여섯 번째의 시집이 된다.

『화사집』에서는 충격적이고 관능적인 목숨의 절규를, 『귀촉도』에서는 고향 회귀의 정태적 관조의 세계를 보여 주었고, 『서정주시선』에서는 심화되고 오달奧達된 완숙적 생체험의 깊이를, 『신라초』에서는 원융圓融의 형이상적 이상향을, 그리고 『동천』에서는 불교적 삼세인연三世因緣의 미학을 보여 주었다.

  이렇게도 다양한 세계를 추구함에 있어 그분은 항시 고차원의 예술적 심미안에 그 핀트를 맞출 수 있었기 때문에 작품이 독보적으로 빼어나고 성공할 수 있었던 것이다. 그야말로 대가의 경지를 열어 갔던 것이다.

  이번의 이 시집은 그분이 시단 생활 40년에 쌓은 대가적 풍모를 여실히 보여 주고 있다. 『질마재 신화』는 산문시로서 토속적이고 주술적이기까지 한 세계가 눈치를 살피지 않는 대담한 언어 구사를 통하여 파헤쳐지고 있다. 산문의 형식을 빌고 있기 때문에 그런지, 그분의 다른 시에 비하여 훨씬 더 육성적이다. 기교를 부리지 않는 품으로는 이조 목기의 고운 때가 오른 소박미를 대하는 느낌이다.

  그래서 이번의 이 시집은 그분으로서는 처음으로 시도한 산문시라는 데서 형식미에 대한 새로운 가능을 연 것이라 할 수 있다. 그러나 형식미라 하더라도 역시 그 내용을 이루는 것은 선험적으로 파악된 토속적 심미 의식이 주조主調가 되어 있는 것은 말할 나위도 없다.

40년 동안의 시업詩業이 시집 여섯 권이라고 한다면 그렇게 많은 수량은 아니련만, 그러나 한 권 한 권이 새롭고 번쩍이는 세계를 개현시켰다는 데 위대한 시인으로서의 문제를 주었고, 또 이번의 이 시집에서도 그 업적은 다른 세계를 하나 더 보태어 주어 놀랍기만 하다. 더구나 그것이 회갑을 기념해서 나오게 되니 어리석은 후배는 찬사가 모자랄 뿐이다.

오래전에 가을 이불 꾸미는 것을 보던 그 '찬란한 마음'을 미당 선생은 지금도 구기지 않게 지니고 있을 것을 기원하며, 장수하셔서 우리 시의 광을 잘 내 주시기 빈다.

1975년 5월

박재삼

그림이 있는 질마재 신화

1판 1쇄 발행 2025년 5월 20일

지은이 · 서정주
그린이 · 황주리
기　획 · 동국대학교 미당연구소
펴낸이 · 주연선

(주)은행나무
04035 서울특별시 마포구 양화로11길 54
전화 · 02)3143-0651~3 ｜ 팩스 · 02)3143-0654
신고번호 · 제1997-000168호(1997. 12. 12)
www.ehbook.co.kr
ehbook@ehbook.co.kr

ISBN 979-11-6737-556-8 03810

- 이 책의 판권은 지은이와 은행나무에 있습니다. 이 책 내용의 일부 또는 전부를 재사용하려면 반드시 양측의 서면 동의를 받아야 합니다.

- 잘못된 책은 구입처에서 바꿔 드립니다.